NATIONAL GEOGRAPHIC

Peldaños

GRAN CAÑÓN
Parque nacional

GÉNERO Artículo de Estudios Sociales

Lee para descubrir cómo llegó a existir el parque nacional Gran Cañón.

Bienvenido al GRAN

por Amy Weber

Estás de pie sobre el borde de una de las maravillas naturales del mundo, el Gran Cañón, y observas las coloridas capas de roca. Observas dos mil millones de años de historia de la Tierra. Cada capa de este enorme **cañón** muestra un momento diferente de la vida de nuestro planeta.

El cañón se creó por la acción del agua y el tiempo. Los geólogos, científicos que estudian la historia de la Tierra, creen que el Río Colorado comenzó a labrar el cañón hace aproximadamente seis millones de años. En el río fluían grandes cantidades de arena y gravilla. Ayudaban a que el río tallara profundamente la tierra.

Antes de que el río comenzara a tallar el cañón, el viento y el agua llevaban minerales, arena, lodo e incluso restos de diminutas criaturas marinas al área y los depositaban allí en capas. Durante millones de años, estas capas se endurecieron y formaron roca. En la actualidad son un registro importante de la historia de nuestro planeta. El parque nacional Gran Cañón se creó para proteger este registro.

Desde el borde puedes ver que el Gran Cañón es uno de los cañones más grandes de la Tierra. El Río Colorado fluye por el fondo del cañón a una milla de ti, aproximadamente. El cañón serpentea a través del desierto de Arizona por 277 millas. Te tomaría unas cinco horas recorrer esa distancia en carro en un camino recto y llano. ¡Este es un gran cañón, realmente!

CAÑÓN

Observa las capas de roca de diferentes colores. Cada una representa un momento en la historia de la Tierra. ¿Ves el Río Colorado en el medio de la fotografía? La capa de roca más antigua y profunda del cañón se encuentra junto al río. Esta capa tiene aproximadamente dos mil millones de años.

Este primer plano muestra coloridas capas de roca en el Gran Cañón. Algunas están compuestas por arena y lodo y otras están formadas por antiguas criaturas marinas. A lo largo de cientos de millones de años, este material suelto se comprimió y formó capas de roca dura. Millones de años después, el Río Colorado comenzó a labrar su camino a través de esta área y desgastó la roca para formar el cañón. Cuanto más profundo talló la roca, más capas quedaron expuestas.

Historia del parque

Los exploradores españoles vieron el cañón por primera vez a mediados del siglo XVI. Pero su historia humana comenzó mucho antes de eso. Grupos de nativo-americanos, como los havasupai, han vivido en el cañón los últimos 800 años. Algunos grupos de nativo-americanos siguen viviendo en el cañón en la actualidad, fuera de los límites del parque nacional.

En el siglo XIX, los exploradores esperaban encontrar oro, plata y otras riquezas minerales en el cañón. Pero la minería era difícil allí. Un explorador llamado John Hance tenía otra idea. Comenzó a conducir paseos por el cañón. Pronto sus paseos por el cañón atrajeron a muchos viajeros curiosos. Otros exploradores y buscadores de fortuna descubrieron que podían ganar más dinero conduciendo paseos y alimentando a los visitantes que lo que ganarían en la minería.

Después de que el presidente Theodore Roosevelt visitara el cañón en 1903, trabajó para convertirlo en una reserva natural, que es un lugar donde se protege a los animales de los cazadores. El Gran Cañón se convirtió en parque nacional en 1919. Esto ayudó a proteger la tierra y la flora y fauna del cañón. Evitó que se llevara a cabo la minería, la caza o la construcción de casas y hoteles en el cañón o en su orilla.

∧ El pueblo havasupai ha vivido cientos de años cerca de las cascadas Havasu en un cañón lateral del Gran Cañón. Aún viven allí. Siempre han trabajado para preservar los hábitats y la flora y la fauna de la región, un objetivo que adoptaron los Estados Unidos cuando establecieron el parque nacional en 1919.

1540

Conducidos por un guía nativo-americano, los exploradores españoles son los primeros europeos que ven el cañón. No encuentran oro ni plata en el área.

1776

El sacerdote español Francisco Garcés viaja al Gran Cañón y conoce a los havasupai. Los havasupai también conocen a los primeros turistas del cañón.

1869

El comandante John Wesley Powell conduce una expedición a lo largo del Río Colorado. Le pone nombre al Gran Cañón mientras viaja a través de él junto a su tripulación.

1901

El primer servicio ferroviario en el área trae turistas de Williams, Arizona, al borde sur del Gran Cañón.

1919

El Congreso de los Estados Unidos establece el parque nacional Gran Cañón para preservar la tierra y la flora y fauna del cañón.

GRAND CANYON NATIONAL PARK

NATIONAL PARK SERVICE

1996

Se liberan seis cóndores de California cerca del cañón. Estas aves estuvieron alguna vez cerca de la extinción, pero en la actualidad se las protege aquí en el parque.

2011

Más de 4 millones de visitantes se reúnen para apreciar las vistas y explorar la belleza accidentada del Gran Cañón.

Una maravilla natural

No hay muchas excursiones que te lleven a través de fríos bosques sombríos y el calor abrasador del desierto. Así se siente caminar de los bosques perennes del borde norte a los matorrales del desierto en el fondo del cañón. Como el cañón es tan profundo y tan ancho, hay muchos hábitats y medio ambientes naturales dentro de la **garganta**, o cañón de laderas empinadas.

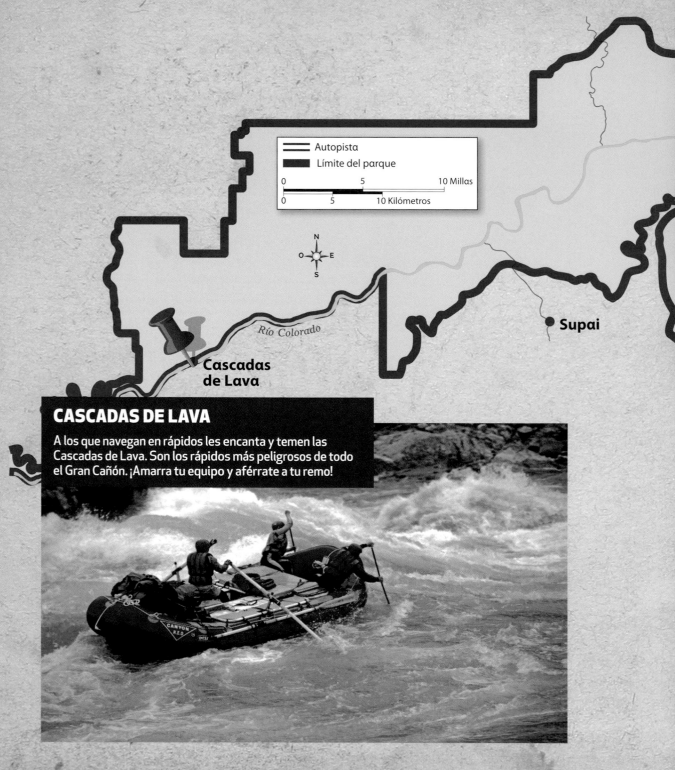

Autopista
Límite del parque

0   5   10 Millas
0   5   10 Kilómetros

N O E S

Río Colorado

Supai

Cascadas de Lava

CASCADAS DE LAVA

A los que navegan en rápidos les encanta y temen las Cascadas de Lava. Son los rápidos más peligrosos de todo el Gran Cañón. ¡Amarra tu equipo y aférrate a tu remo!

Las plantas y los animales de la actualidad no son las únicas características del cañón que cambian de la parte superior a la inferior del cañón. Los fósiles más antiguos que hay aquí tienen más de mil millones de años. La mayoría de estos fósiles son criaturas que vivían en antiguos mares que cubrían esta tierra en el pasado. Cuanto más profundo se camina, más atrás se viaja en el tiempo. Las rocas más jóvenes del Gran Cañón tienen 270 millones de años. Eso hace que el Gran Cañón sea más antiguo que cualquier dinosaurio que vagara alguna vez en la Tierra.

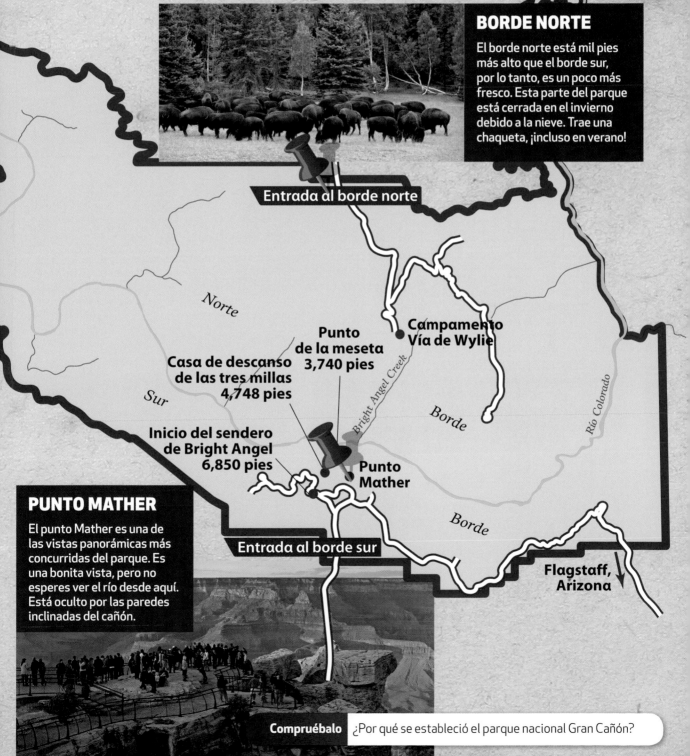

BORDE NORTE

El borde norte está mil pies más alto que el borde sur, por lo tanto, es un poco más fresco. Esta parte del parque está cerrada en el invierno debido a la nieve. Trae una chaqueta, ¡incluso en verano!

Entrada al borde norte

Norte

Sur

Campamento Vía de Wylie

Punto de la meseta 3,740 pies

Casa de descanso de las tres millas 4,748 pies

Bright Angel Creek

Borde

Río Colorado

Inicio del sendero de Bright Angel 6,850 pies

Punto Mather

PUNTO MATHER

El punto Mather es una de las vistas panorámicas más concurridas del parque. Es una bonita vista, pero no esperes ver el río desde aquí. Está oculto por las paredes inclinadas del cañón.

Entrada al borde sur

Borde

Flagstaff, Arizona

Compruébalo   ¿Por qué se estableció el parque nacional Gran Cañón?

Lee para descubrir sobre las características únicas del Gran Cañón.

Caminata por el Cañó

> Estos excursionistas están en el sendero de Bright Angel. Están a mitad de camino entre el inicio del sendero y la cima del cañón y el Río Colorado en el fondo del cañón.

GRAN CAÑÓN Arizona U.S.A. Colorado River

Inicio del sendero de Bright Angel | Altura: 6,850 pies

No puedes ver el Río Colorado desde donde estás de pie en la cima del inicio del sendero de Bright Angel. Sin embargo, está ahí, una milla hacia abajo, aproximadamente. El río es nuestro objetivo de hoy. ¿Tienes suficiente alimento y agua? ¿Te acordaste de traer un sombrero para el sol y zapatos resistentes? Respira el aroma de esos pinos ponderosa mientras puedas. Pronto dejaremos atrás los bosques del borde sur y pondremos pie en un áspero pero bello desierto.

Observa el cañón mientras comenzamos a caminar hacia abajo debajo del borde. Observa los **estratos,** o capas de roca, rojos, púrpuras y dorados. Hace millones de años, el viento, el agua y el hielo dejaban atrás lodo, pequeñas partículas de arena y restos de criaturas diminutas. Durante un largo período de tiempo, este sedimento se comprimió y se presionó hasta que se convirtió en roca sólida. Esta **roca sedimentaria** compone los estratos que ves a tu alrededor.

Inicio del sendero de Bright Angel
Altura: 6,850 pies

Casa de descanso de las tres millas
Altura: 4,748 pies

Punto de la Meseta
Altura: 3,740 pies

Río Colorado
Altura: 1,300 pies

por Becky Manfredini

El cambio de altura es de casi una milla entre el borde sur y la cima del cañón y el Río Colorado en el fondo. La altura se considera sobre el nivel del mar. Esta tabla muestra la altura en cada parada de la caminata.

En esta parte de nuestra caminata, las paredes del cañón son tan empinadas, que el sendero zigzaguea de acá para allá por la ladera del cañón. Las curvas cerradas se llaman zigzags. Detengámonos un momento y observemos uno de los primeros accidentes geográficos del sendero. Es una pared cubierta con pictografías, o pinturas en la roca que cuentan relatos. Los nativo-americanos que vivían antiguamente aquí hicieron estas pinturas hace cientos de años.

El color de la pared cambia cuanto más abajo caminamos por el cañón. La roca gris por encima del borde es la formación Kaibab, la capa superior del cañón. Se formó hace unos 270 millones de años. Eso es mucho antes de que vivieran los primeros dinosaurios, aunque es la capa de roca más joven del cañón. A medida que caminamos a través de los estratos, imagina cómo era la vista mientras se formaba cada capa.

Borde sur

Piedra caliza Coconino

Esquisto del Ermitaño

Parte superior de la Piedra caliza Redwall

Casa de descanso de las tres millas | Altura: 4,748 pies

Debajo de la formación Kaibab hay un acantilado beige denso llamado Piedra caliza Coconino. Esta capa era originalmente dunas de arena en la costa de un mar antiguo. Como tiene un color tan claro, algunos lo llaman "borde de bañera" del Gran Cañón. ¿Observas alguna huella de animal en las rocas junto al sendero? Esas huellas no son de animales que viven en la actualidad. Las dejaron allí hace mucho tiempo. Después de millones de años, se convirtieron en fósiles. Quizá esas huellas las hicieron criaturas que eran similares a los escorpiones del desierto.

Cuando nos adentramos un poco más en el cañón, pasamos a través del Esquisto del Ermitaño, que se formó con el cieno y lodo que dejó un antiguo arroyo. También caminamos a través de estratos que parecen muchos escalones diminutos. Estos estratos muestran una época de niveles marinos que cambiaron con rapidez. Algunas de estas capas eran dunas de arena hace mucho, mientras que otras eran playas e incluso lechos marinos. Los buscadores de fósiles han encontrado los restos de muchas criaturas que hacían madrigueras aquí.

Finalmente, hemos caminado tres millas hasta la cima de la Piedra caliza Redwall, una capa de roca de 500 pies de espesor formada principalmente por vida marina prehistórica. Tomemos un descanso en la Casa de descanso de las tres millas. Aquí podemos llenar nuestras botellas de agua, sentarnos a la sombra y admirar el borde sur, que ahora está lejos de nosotros. Pero prepárate, porque estamos a punto de descender por esos empinados acantilados de Redwall.

Meseta

Río Colorado

Punto de la Meseta | Altura: 3,740 pies

Continuamos nuestra caminata por el cañón. Cerca del pie de los acantilados de Piedra caliza Redwall, llegamos a un área con árboles y agua dulce. Se llama Huerto Indio, pues los nativo-americanos solían cultivar la tierra aquí hace mucho. Es un buen lugar para descansar, merendar o pasar la noche. El Huerto Indio está justo a la mitad del sendero de Bright Angel. Antes de que sigamos caminando, tomaremos un pequeño desvío hacia el Punto de la Meseta.

Hay una milla y media hasta el Punto de la Meseta. ¡Fíjate en la vista! Parece como si hubiera toda una cordillera dentro del cañón. Arroyos y ríos que tallaron diferentes partes de la tierra labraron estos picos, torres y **mesetas**, o colinas empinadas con cimas llanas, a partir de las paredes del cañón. Se les ha puesto nombres, como Meseta Acorazado. ¿Puedes ver por qué?

Esquisto Bright Angel

Ahora caminamos sobre otra capa de roca, el Esquisto Bright Angel. Esta roca grisácea se formó en un mar poco profundo hace aproximadamente 515 millones de años. Esta capa es la razón por la que todavía no hemos podido ver el río. Oculta al río de nuestra vista hasta que estamos de pie en el Punto de la Meseta. Mira hacia abajo. El río todavía está muy lejos de nosotros, pero puedes ver lo poderoso que es. Después de todo, labró todo el cañón.

Devolvámonos al Huerto Indio y almorcemos. Luego llena tu botella de agua y prepárate. Estamos por caminar dentro de la garganta interior, y no hay agua o sombra entre ese lugar y el río. El sendero será caluroso, serpenteante y empinado. Pero recuerda, al final del sendero te esperan una buena comida y una cama cómoda.

Río Colorado | Altura: 1,300 pies

¡Finalmente llegamos al fondo del cañón!
A los pies del sendero de Bright Angel,
conocemos al diseñador del Gran Cañón,
el Río Colorado. Gran parte de la roca que
hay aquí tiene casi dos mil millones de años.
¡Eso es casi la mitad de la edad de la Tierra
misma! Dirijámonos al puente peatonal y
crucemos el río. Hay una playita donde los
que navegan en los rápidos detienen sus
balsas durante la noche. Todos nos dirigimos
al mismo lugar.

El Rancho Fantasma es donde los
excursionistas, los jinetes de mulas y los que
navegan en los rápidos se encuentran para
descansar antes de continuar sus viajes.
Podemos comer una comida reconfortante
en el comedor y dormir bien de noche en una
cabaña o una barraca de alojamiento. Las
paredes del cañón se elevan casi una milla
alrededor de nosotros, por lo tanto, después
de que se oculta el sol, asegúrate de mirar el
cielo. Puedes ver miles de estrellas desde aquí.

Tendremos que despertar temprano mañana para comenzar nuestra caminata de vuelta a la cima. El Rancho Fantasma está a aproximadamente 4,600 pies bajo el borde sur. ¡Recorriste todo eso hoy! Para regresar, mañana tendremos que subir por el sendero, y nos tomará el doble de tiempo que la bajada. Por ahora, duerme y sueña con tu aventura en el cañón.

Hoy caminamos a través de una verdadera maravilla natural, un cañón que las fuerzas naturales del viento, el agua y el hielo han formado. Gracias a las personas que establecieron este parque nacional y las personas que lo mantienen, el Gran Cañón estará protegido siempre para que los visitantes lo disfruten. ¡Tenemos mucha suerte!

Compruébalo   ¿Qué característica del cañón te parece más interesante? ¿Por qué?

El cuento de
BRIGHTY
el BURRO

por Becky Manfredini   ilustraciones de Max Kostenko

Había una vez un burro feliz que jugaba junto a los ríos y vagaba por los senderos empinados del Gran Cañón. Se llamaba "Bright Angel", por el arroyo Bright Angel, en las profundidades del cañón. Pero los pobladores locales y los visitantes lo apodaron "Brighty". Este burro gris peludo se ganó los corazones de niños, turistas, artistas, guardabosques e incluso el presidente de los Estados Unidos.

En 1892, dos exploradores esperaban hacerse ricos encontrando oro en una cueva del Gran Cañón. Un pequeño burro gris viajó con ellos, llevando sus pesados suministros en su fuerte espalda. El grupo había partido desde Flagstaff, Arizona, hasta el borde sur del cañón. Bajo el caluroso sol, realizaron su recorrido por un caminito hasta que llegaron al Río Colorado.

Los hombres exhaustos establecieron su campamento. Hicieron panqueques y dejaron que el burrito comiera hasta que se saciara. El burro cansado se durmió bajo las estrellas.

Cuando se despertó muy temprano en la mañana, el burro dejó a sus amigos que dormían y fue a beber del fresco río. Jugó todo el día junto al río. Al atardecer, el burro tenía tanta hambre que su estómago gruñía. Volvió trotando al campamento, pero cuando llegó allí, no vio fogata, ni alimentos ni exploradores. Habían desaparecido.

Sabía que los hombres no volverían pero, sorprendentemente, el burrito estaba contento. ¡Ya no llevaría más paquetes pesados! ¿Y quién necesitaba panqueques? En lugar de eso, podía comer hierba.

Mientras pasaban los días, el burro disfrutaba de su nueva libertad. En un día especialmente caluroso, trotó junto al río y divisó una sección poco profunda. Con curiosidad y cuidado, se metió al agua y luego nadó hasta el otro lado.

Emocionado por tener un nuevo lugar para explorar, el burro pasó sus días paseando por el costado norte del cañón, chapoteando en el arroyo Bright Angel y jugando con animales pequeños. Un día, mientras vagaba por la zona superior del cañón, encontró a otros burros. Brighty esperaba hacer nuevos amigos. Pero eran mucho más grandes y salvajes que Brighty, por lo tanto, decidió mantenerse alejado.

Después de un tiempo, Brighty hizo amigos en el cañón. En el borde norte, solía visitar el Campamento Vía de Wylie, donde muchos turistas pasaban el verano. Allí conoció a la familia McKee, los encargados del campamento, quienes fueron amables con el burrito.

Pero no todos los que conoció Brighty eran tan amables. Un día Brighty divisó a un explorador que caminaba por el sendero. El burrito se sintió contento y se preguntó si este nuevo amigo lo alimentaría con algo delicioso. Pero las cosas no salieron como Brighty esperaba. En cambio, el explorador lo capturó y amarró sus cosas en la espalda de Brighty. ¡Era una carga pesada!

Después de una semana de mucho trabajo, Brighty se cansó de llevar las cosas del explorador. De repente, lanzó una patada al aire con sus patas traseras y tiró los paquetes pesados. Luego subió corriendo a un acantilado para esconderse del frustrado explorador. El hombre furioso persiguió a Brighty por horas. Cuando finalmente atrapó al burrito, ató una campana a su cuello para que pudiera oír todos los movimientos de Brighty. Pero Brighty era inteligente. Practicó cómo dar pasos suaves, manteniendo quieta la campana. Silencioso como un ratón, Brighty se escabulló una noche y quedó libre de nuevo.

Brighty vagó por el cañón varios meses, disfrutando de su libertad y la hermosa tierra que lo rodeaba. Luego, cierto día, miró hacia arriba y observó que la nieve de la cima del borde norte se había derretido bajo el sol caluroso. Brighty sabía que era hora de mudarse allí y pasar los meses de tiempo cálido en el Punto de Bright Angel.

Brighty subió con lentitud por el caluroso y árido cañón, deteniéndose con frecuencia a descansar en cuevas frescas y remojar sus pezuñas irritadas en los arroyos. A medida que Brighty se acercaba al borde norte, recordaba a los McKee y su adorable campamento, y trotó con alegría en esa dirección. Pronto, divisó a los McKee haciendo tareas en el campamento. Olfateó el aire, olió panqueques calientes con almíbar y soltó un fuerte sonido para saludar a sus viejos amigos.

Después de unos días de descansar y comer muchos panqueques, Brighty comenzó a ayudar a Bobby McKee a cargar agua desde una vertiente bajo el borde del cañón. Brighty ascendía con bolsas pesadas de agua hacia el campamento, sin quejarse, varias veces al día. Después de horas de mucho trabajo, Brighty sabía que habría un plato grande de panqueques esperándolo en el campamento. Era feliz trabajando mucho para personas amables.

Cuando no estaba trabajando o comiendo, Brighty saltaba y jugaba en el prado cercano y paseaba a los niños que visitaban el campamento. Un día, unos niños más grandes decidieron hacer que Brighty corriera más rápido. Brighty se enojó. Lanzó una patada con sus talones, bajó la cabeza y los bajó de su lomo. ¡El burrito obstinado y fuerte siempre hacía saber quién mandaba!

En una ocasión especial, el presidente Teddy Roosevelt visitó el borde norte para explorar con el tío Jim Owens, un guardabosque del servicio forestal. De noche, se sentaron alrededor de la fogata y el presidente compartió planes para crear un parque en el Gran Cañón.

Pronto llegaron trabajadores para hacer mejoras en el Gran Cañón. Un día, Brighty oyó unos sonidos que provenían del fondo, junto al río. ¡Pum! ¡Pum! ¡Pum! Curioso, trotó hacia el sonido y no podía creer lo que vio. Los hombres construían un puente sobre el río para conectar los bordes norte y sur. Los trabajadores le pidieron a Brighty que los ayudara a construir el puente.

Al fin, el puente estaba terminado y listo para excursionistas y grupos de mulas. El día de la ceremonia de inauguración, el presidente Roosevelt le dio a Brighty un honor especial. Como era el residente más viejo y famoso del Gran Cañón, Brighty sería el primero en caminar sobre el puente.

El gobierno creó un reglamento para que Brighty fuera libre a partir de ese día. El burrito podía vagar por donde quisiera y nadie podía capturarlo de nuevo. A ningún animal no salvaje se le había permitido antes pastar en tierras de parques nacionales, excepto por Brighty.

Brighty vivió en el enorme cañón casi 30 años, y la leyenda del burrito perdura hasta la actualidad. Si visitas el borde norte, dirígete al solario en el Refugio del Gran Cañón. Allí verás una estatua de Brighty en tamaño real, hecha por el escultor Peter Jepson. Algunos creen que si se frota la nariz de la estatua, ¡se tendrá buena suerte!

Compruébalo ¿Por qué el cuento de Brighty es importante para el parque nacional Gran Cañón?

muchas personas visitan el Gran Cañón. Se paran en el borde e inspeccionan esta belleza natural. Caminan por el borde y echan un vistazo a las coloridas capas de roca y las mesetas que se elevan desde el fondo del cañón. Se alojan en refugios o campamentos. Pero algunas personas buscan aventuras reales en el cañón. ¿Te gustaría tener una aventura? ¡Vamos!

AVENTU
en el Gran Cañón

por Amy Weber

Acampe rural es acampar lejos de las personas y la civilización. Los campistas rurales dependen solo de lo que quepa en sus mochilas. Cuando terminan de acampar, no dejan nada tras de sí. Sus campamentos quedan de la manera en la que los encontraron, naturales y limpios. Esto no es para todos, pero ver el cañón y sus plantas y animales de cerca hace que valga la pena el esfuerzo. Y cuando duermes al aire libre en el Gran Cañón, puedes ver miles de estrellas en el cielo.

RAS

300,418
campistas

Más de 300,000 campistas pasaron la noche en la zona despoblada del Gran Cañón en 2012. Eso parece mucho, pero no hasta que oyes que 4.5 millones de personas visitaron el parque ese mismo año.

10
dólares

Un permiso de acampe rural cuesta $10, más otros $5 por cada persona que acampa bajo el borde del cañón. Eso es un buen precio cuando se considera que un campamento de remolques con agua y electricidad cuesta al menos $35 por noche.

75
millas

Si quieres una experiencia rural pero no puedes llegar al cañón por tus propios medios, no te preocupes. Algunos excursionistas usaron cámaras sobre la cabeza y filmaron sus caminatas. Ahora puedes ver 75 millas de caminata rural en Internet.

Ese es el tipo de rápidos más difíciles y más peligrosos a los que se enfrentan los que navegan en rápidos de aguas bravas. Las Cascadas de Lava, los rápidos más desafiantes del cañón, son de clase 10. ¡Esas son aguas agitadas!

clase
10

Esa es la altura a la que cae el Río Colorado en el rápido Hance, la caída más empinada de cualquier rápido del Gran Cañón.

30
pies

El Gran Cañón mide 277 millas de río, la distancia que el Río Colorado serpentea a través de la garganta. Esa es la longitud del estado de Indiana de Norte a Sur.

277
millas de río

¡Paseo emocionante!

¿Estás buscando una emoción? Podrías descender las 277 millas de río salvaje que corre a través del cañón. Hay unos 200 **rápidos**, o áreas de agua que se mueve velozmente. El **descenso de aguas bravas en balsa** es un deporte en el que se usa una balsa, o bote pequeño, inflable para descender un río flotando sobre los rápidos. Un viaje en balsa a través de aguas bravas puede sentirse como un paseo húmedo en montaña rusa. El agua te salpica por todos lados, incluso dentro de la balsa. Cuando el río está calmo, puedes ver la flora y la fauna, las cascadas y los cañones laterales que no son visibles desde el borde del cañón.

Ese es el límite de peso si quieres montar una mula desde el borde hasta el río. Si el viaje de una hora es la velocidad que prefieres, puedes llevar hasta 220 libras. Una mula promedio puede llevar hasta 230 libras. ¡Son animales fuertes y resistentes!

200
libras

Tienes que tener una estatura de 55 pulgadas, o 4'7'' para dar un paseo en mula en el Gran Cañón, tengas o no experiencia de montar caballos o mulas. Y debes tener 10 años de edad para montar hasta el río.

4'7"
de estatura

Eso es aproximadamente el tiempo que le toma a un grupo de mulas ir desde el inicio del sendero en el borde del cañón hasta el río en el fondo del cañón. El viaje de regreso toma aproximadamente 6.5 horas. Por eso los grupos de mulas pasan una noche en el Rancho Fantasma.

5.5
horas

¡Montados!

Si no estás interesado en navegar en los rápidos o caminar, puedes unirte a un grupo de mulas. Una mula es una cruza entre una yegua y un burro. Es tan fuerte como una yegua y tan seguro como un burro, así que es perfecta para llevar jinetes a través del empinado cañón rocoso. Por más de 100 años, los grupos de mulas han llevado visitantes al cañón. El presidente Theodore Roosevelt hizo el viaje en 1906. Un grupo de mulas baja y sube por senderos llevando personas y paquetes. Como el cañón es demasiado empinado y peligroso para construir un camino, estos animales pueden ser la mejor manera de recorrerlo.

El récord mundial de velocidad en helicóptero es de 249 millas por hora. Para ir tan rápido, las hélices del helicóptero deben girar 500 veces por minuto. Pero no te preocupes, los pilotos del cañón quieren impresionarte con la vista, no con la velocidad.

249
millas
por hora

Un paseo típico en helicóptero desde Tusayan, una aldea cerca de la entrada sur del parque, toma unos 45 minutos. También hay paseos más largos disponibles. Algunos duran más de siete horas. Y otros paseos incluso aterrizan en las profundidades del cañón, junto al río.

45
minutos

Ese es el costo de una visita a la Aldea Supai, el hogar del pueblo Havasupai, quienes han vivido en el cañón cientos de años. No hay caminos hacia Supai, por lo tanto se debe caminar, andar en mula o tomar un helicóptero si se quiere ir allí.

35
dólares

¡Elevado!

¿Qué ven las águilas y los halcones cuando descienden súbitamente a través del aire del cañón? Lo descubrirás cuando te eleves alto sobre el Gran Cañón en helicóptero, observando a los excursionistas, los balseros y los grupos de mulas desde arriba. Los helicópteros pueden elevarse hacia el cielo y sobrevolar el cañón. Pueden volar a velocidades de 200 millas por hora. Pero disminuyen la velocidad cuando entran al cañón. Las vistas que pueden tomar horas a pie toman menos de una hora en helicóptero.

Compruébalo   ¿Qué aventura te gustaría más tener en el Gran Cañón? ¿Por qué?

Comenta

1. ¿Qué conexiones puedes establecer entre los cuatro artículos de este libro? ¿Cómo crees que se relacionan?

2. ¿En qué se diferencia el borde norte del fondo del cañón? Describe cómo el medio ambiente cambia a medida que se camina a través del cañón.

3. Compara el cuento de ficción histórica de Brighty con lo que has aprendido sobre la geografía y la historia del Gran Cañón. ¿Qué partes del cuento cuentan hechos sobre el Gran Cañón? ¿Qué partes crees que son inventadas? Explica tus respuestas.

4. ¿Cuáles son las cosas más emocionantes sobre los paseos, las caminatas o las acampadas en el Gran Cañón? ¿Qué precauciones debes tomar?

5. ¿Qué más quieres saber sobre el Gran Cañón y sobre el parque nacional Gran Cañón?